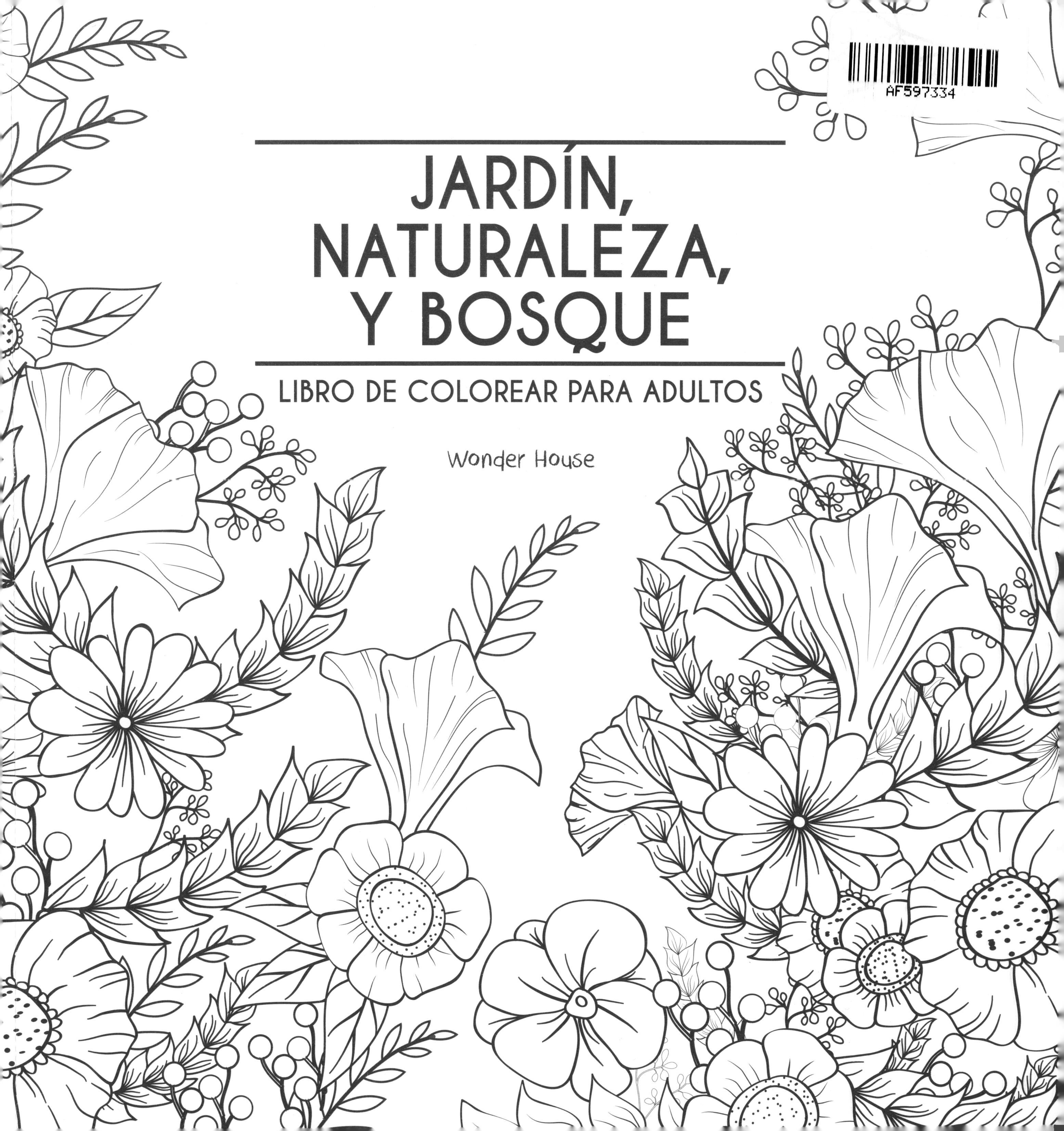

JARDÍN, NATURALEZA, Y BOSQUE

LIBRO DE COLOREAR PARA ADULTOS

Wonder House

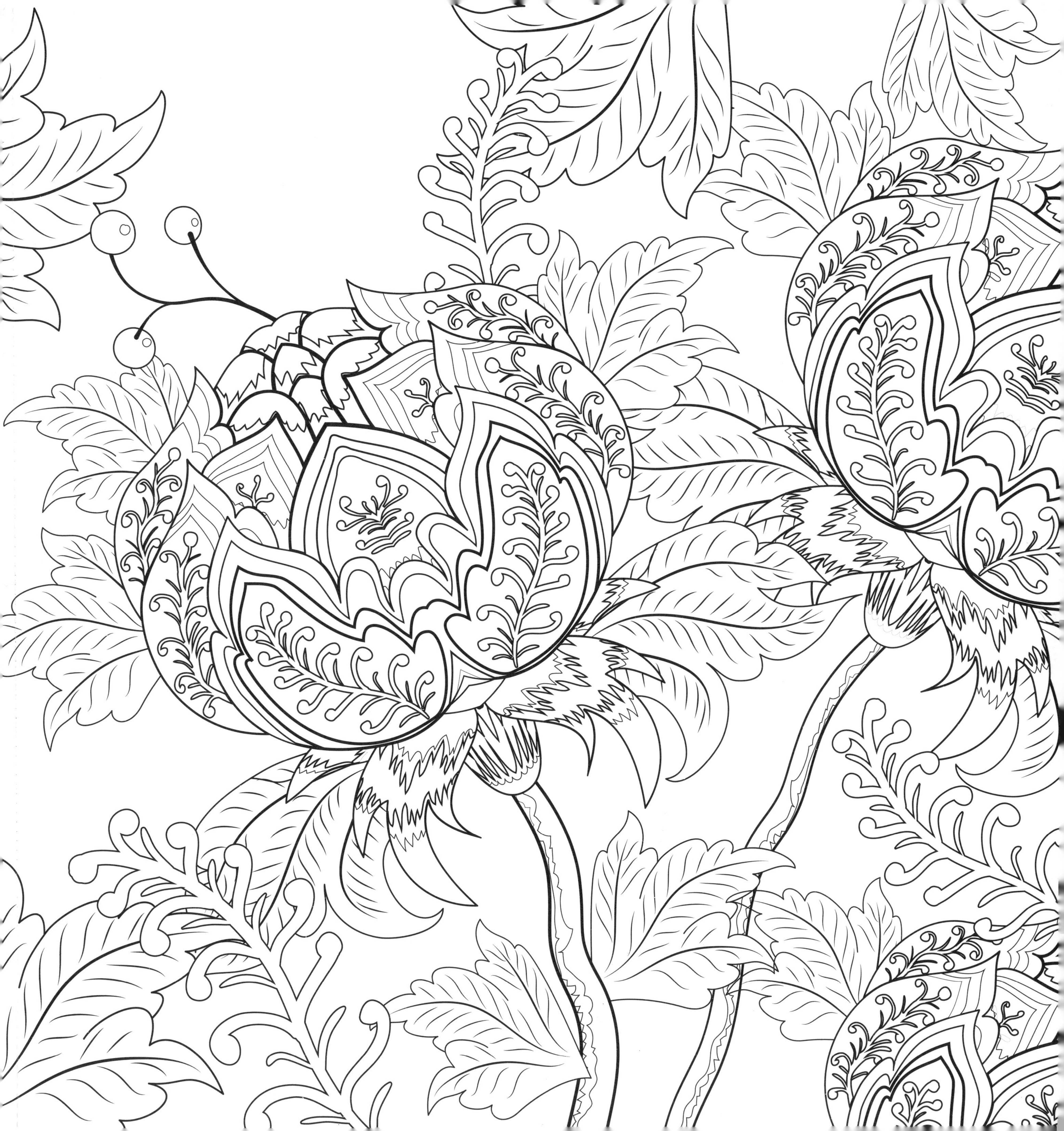

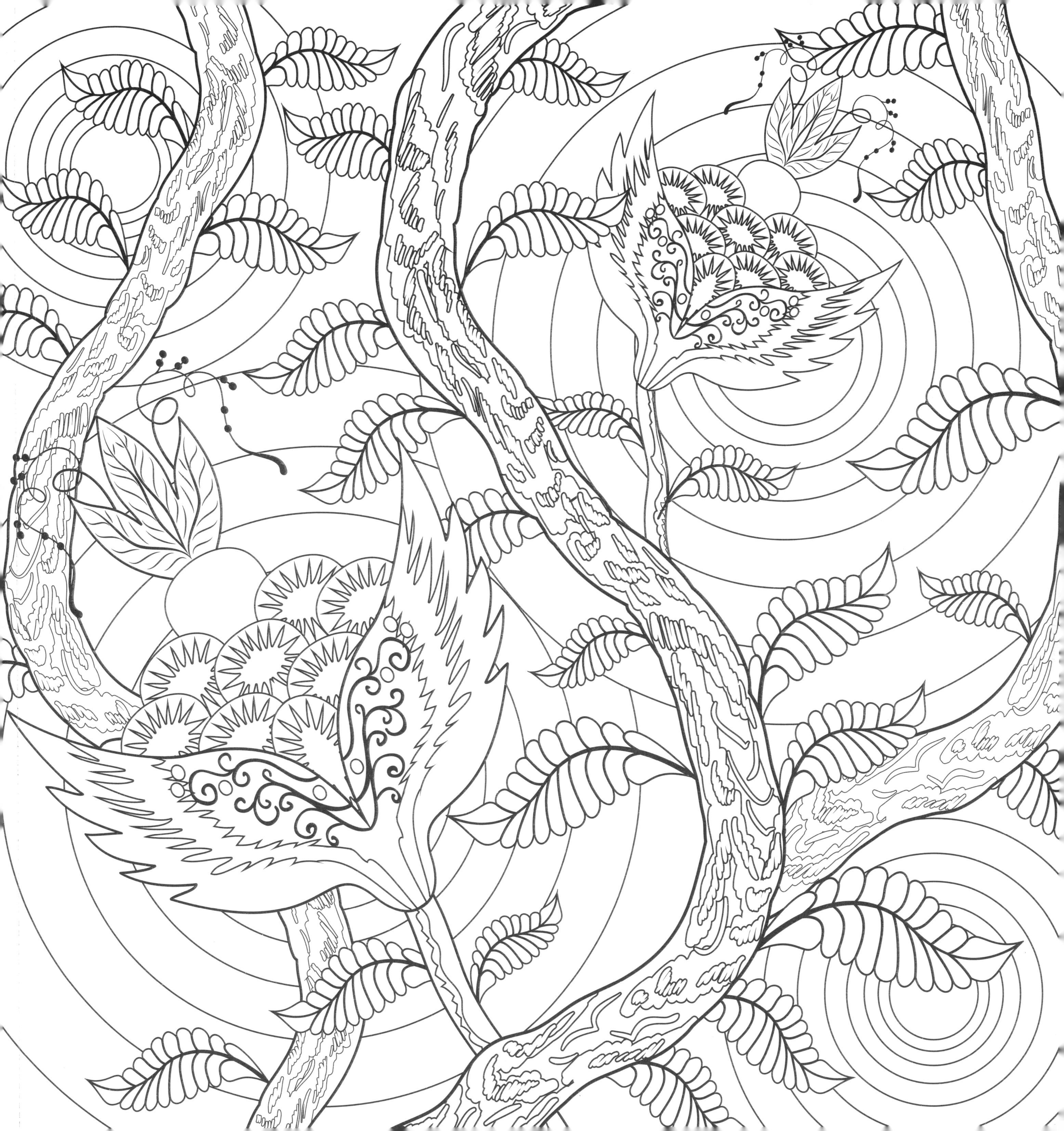

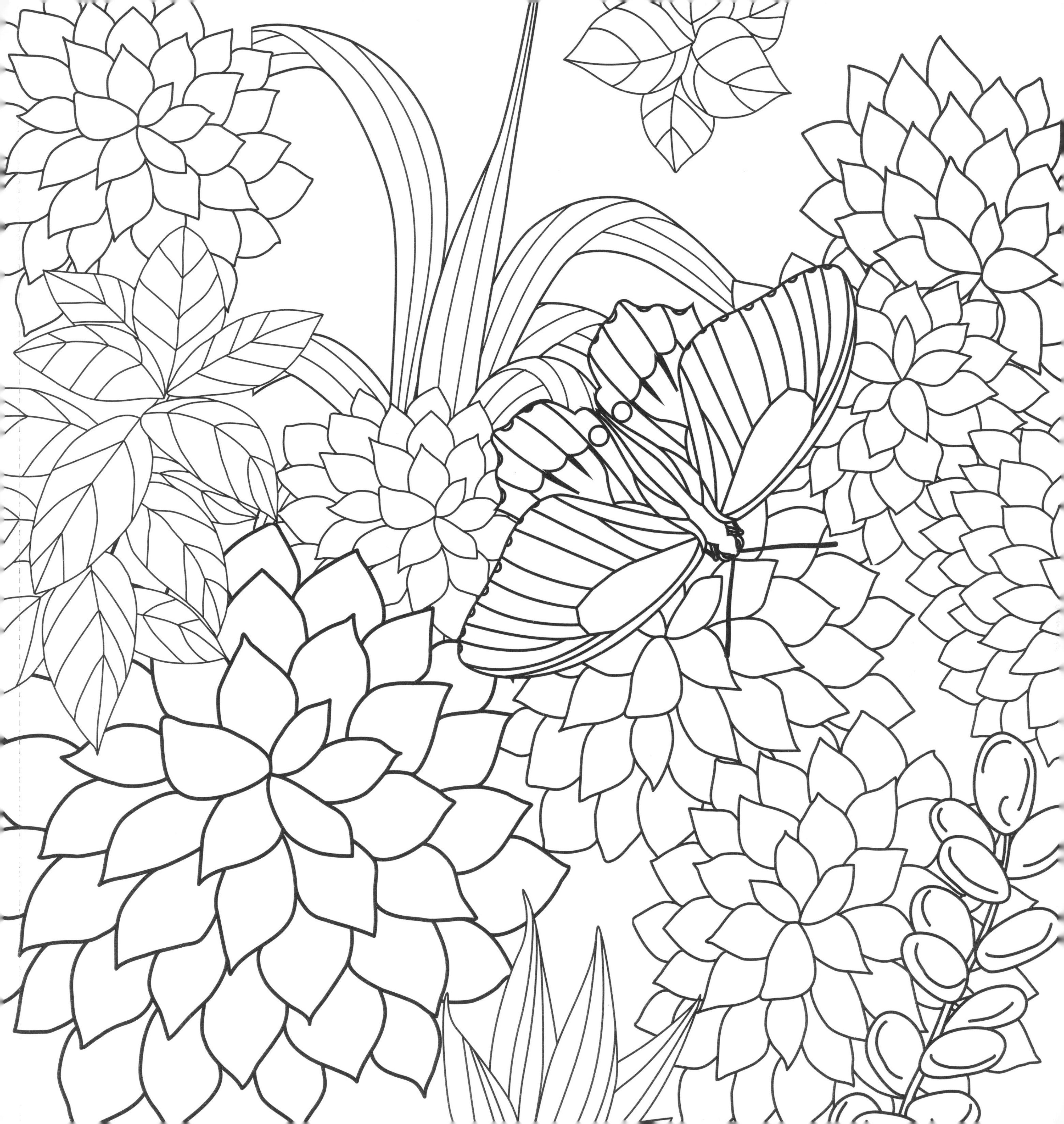

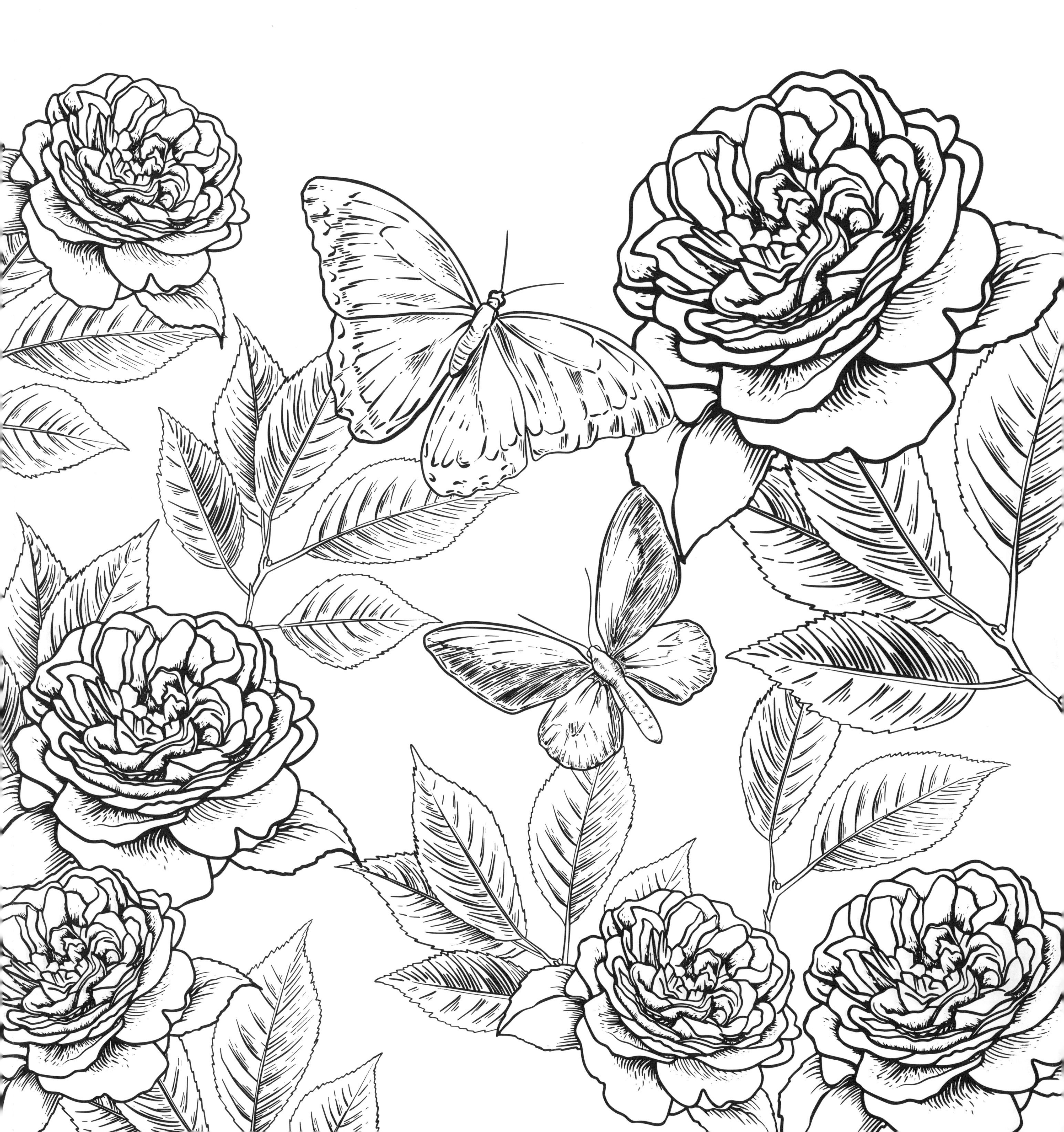

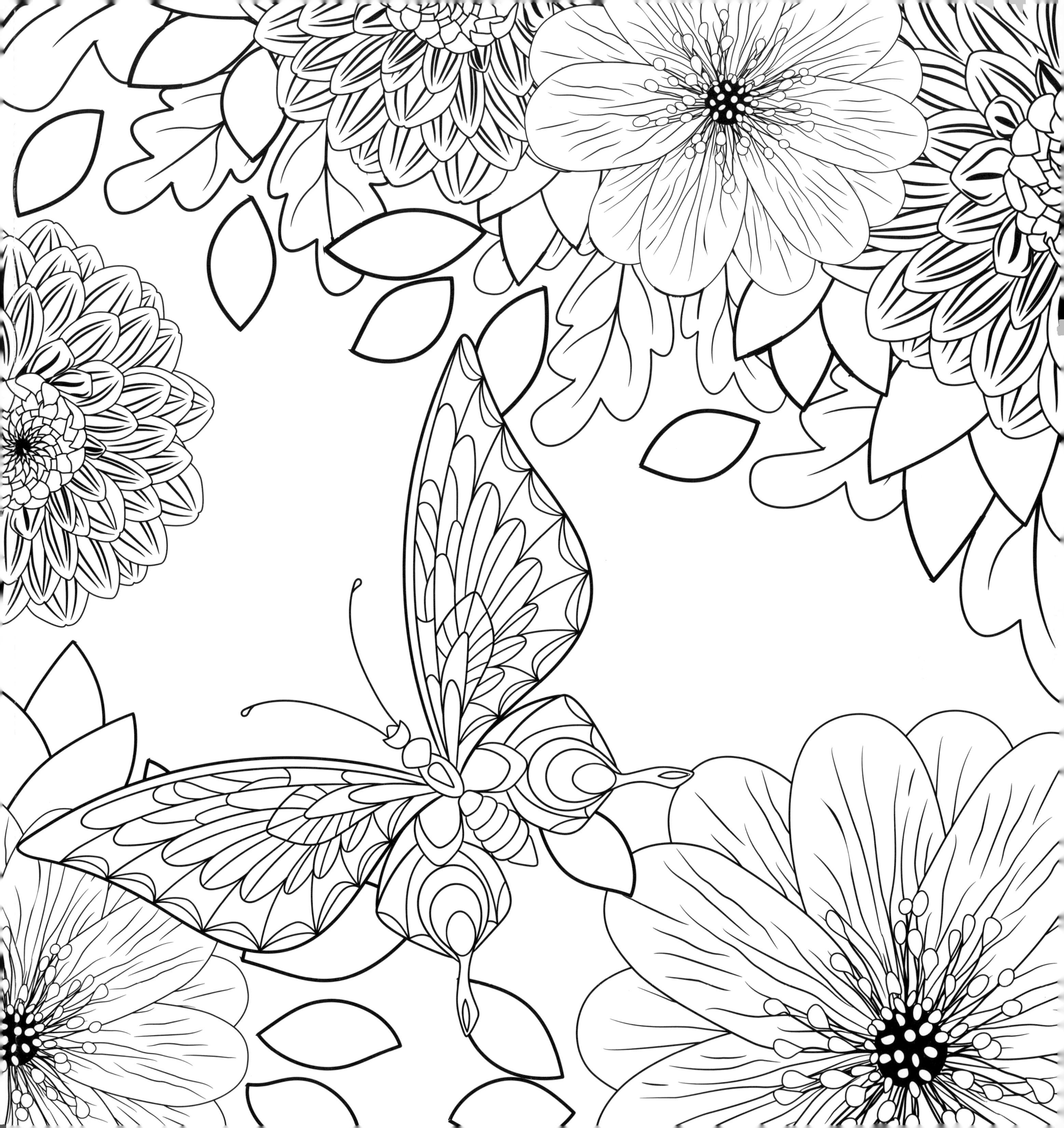

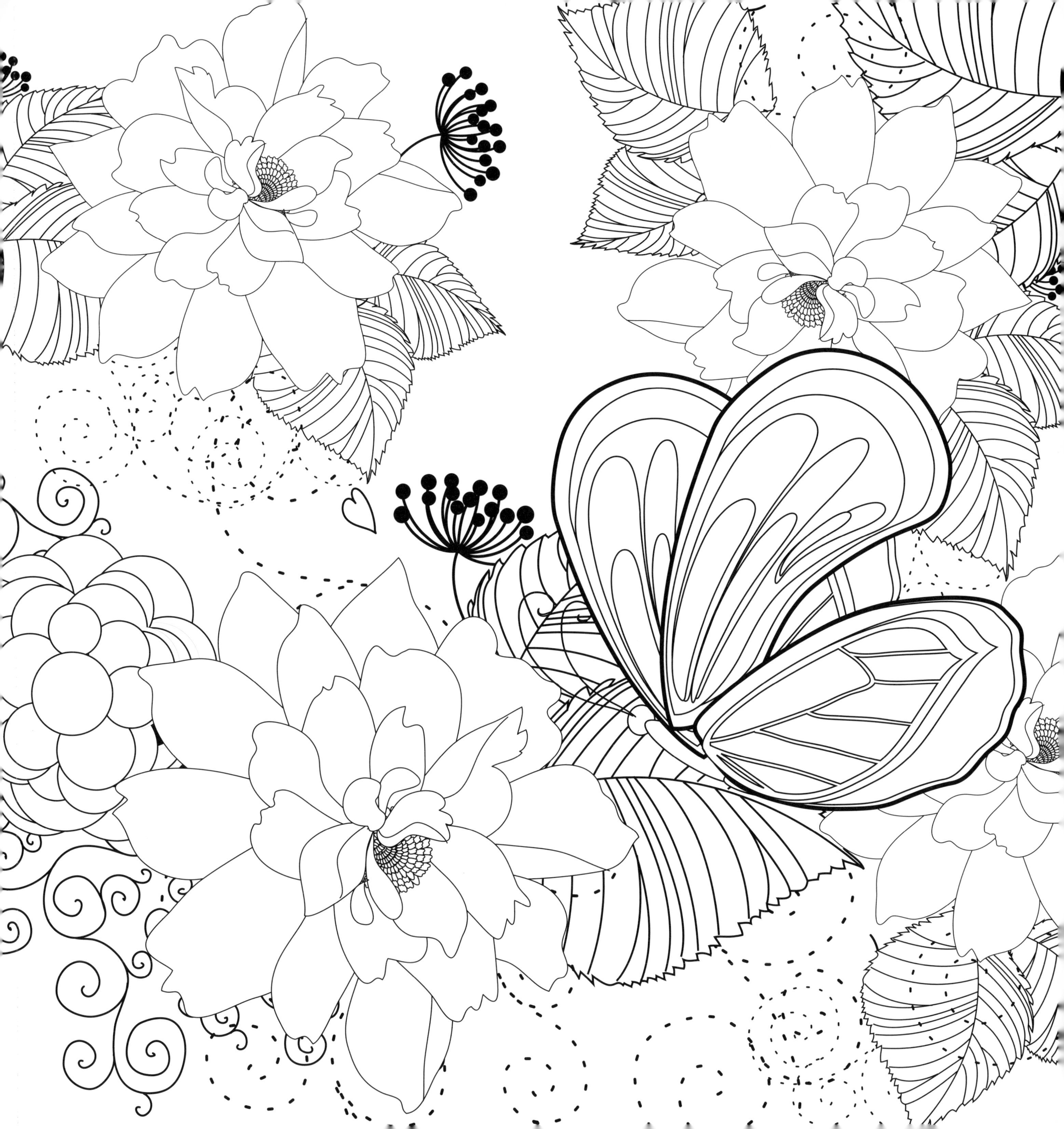

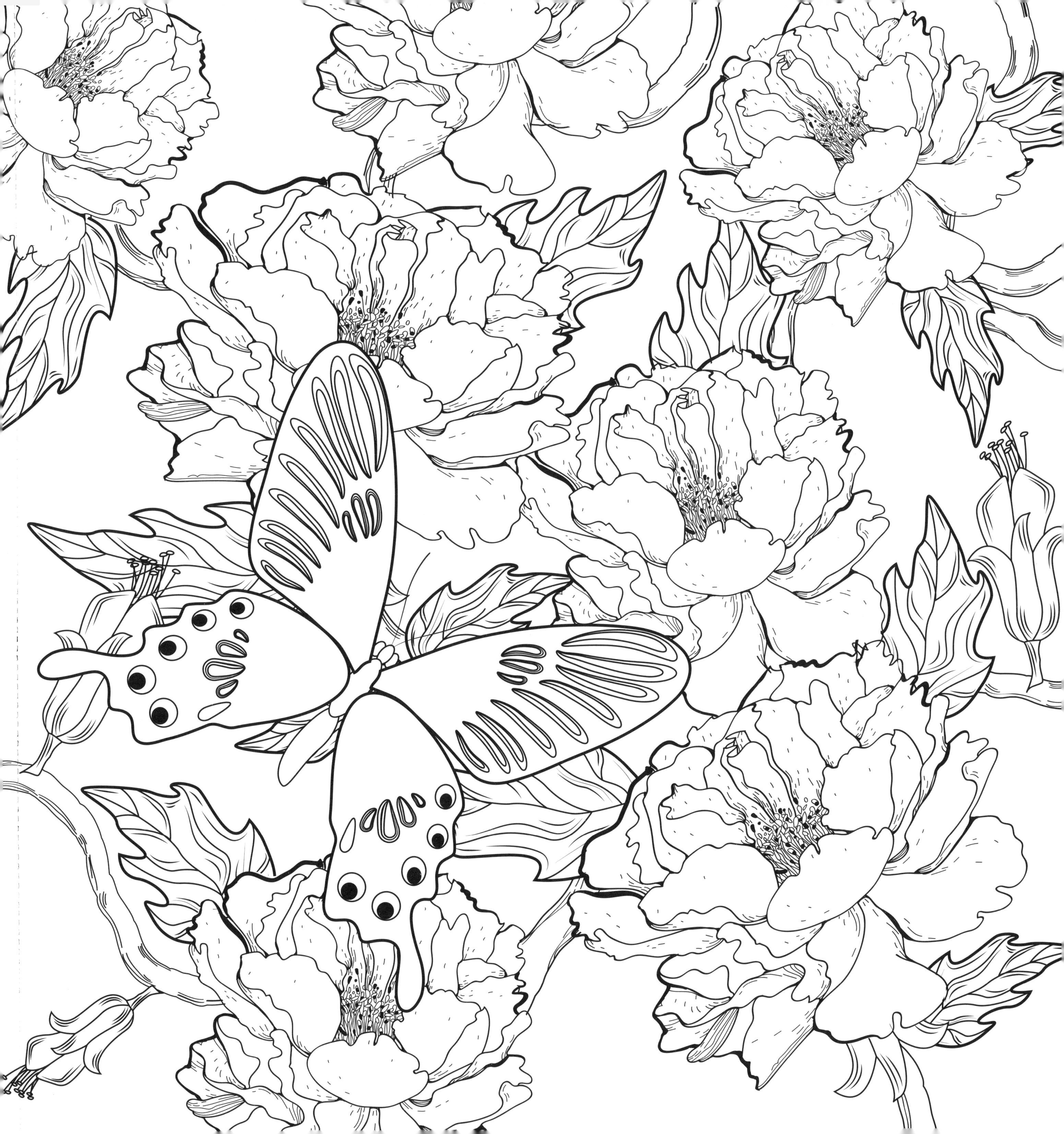

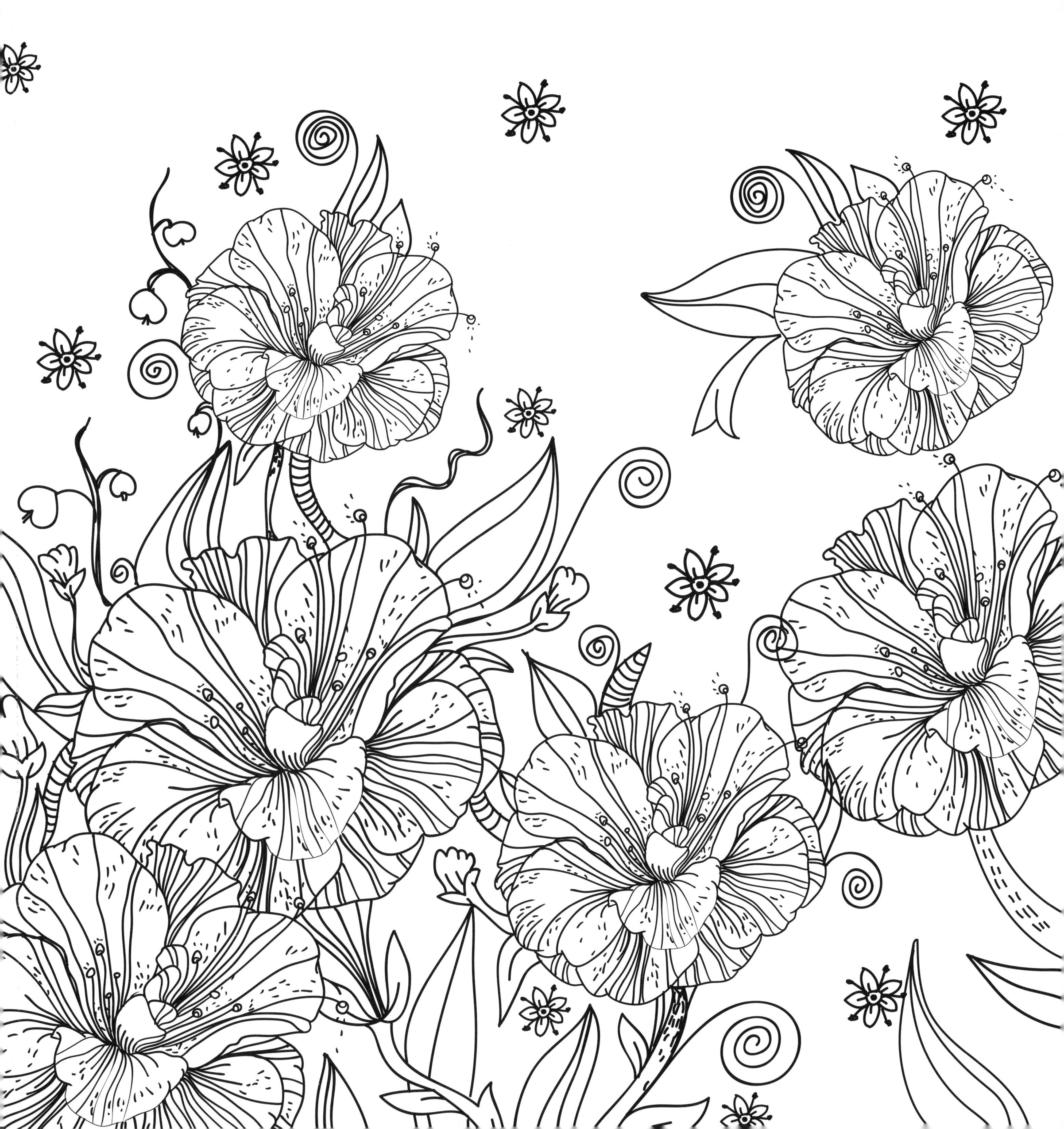

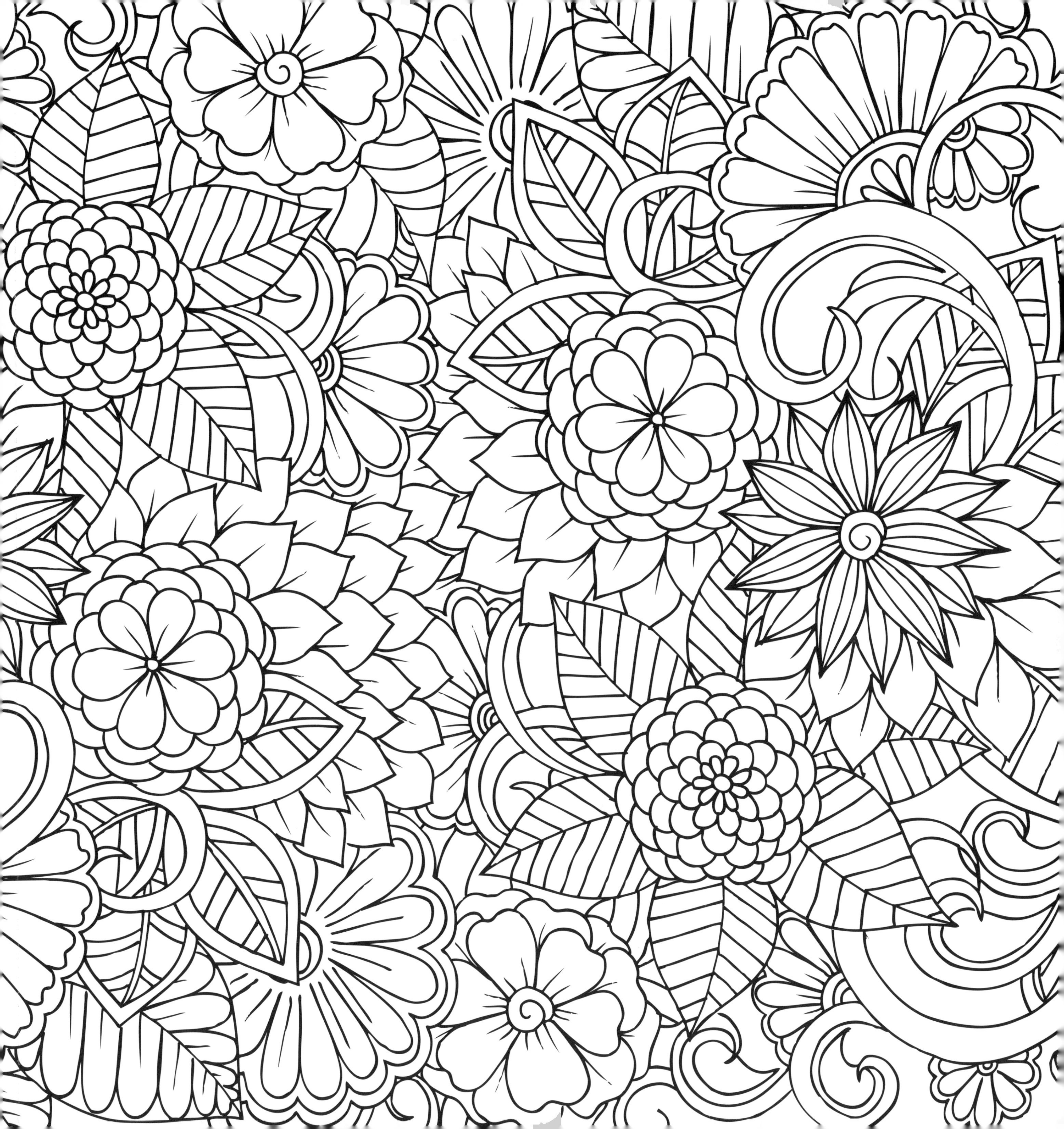

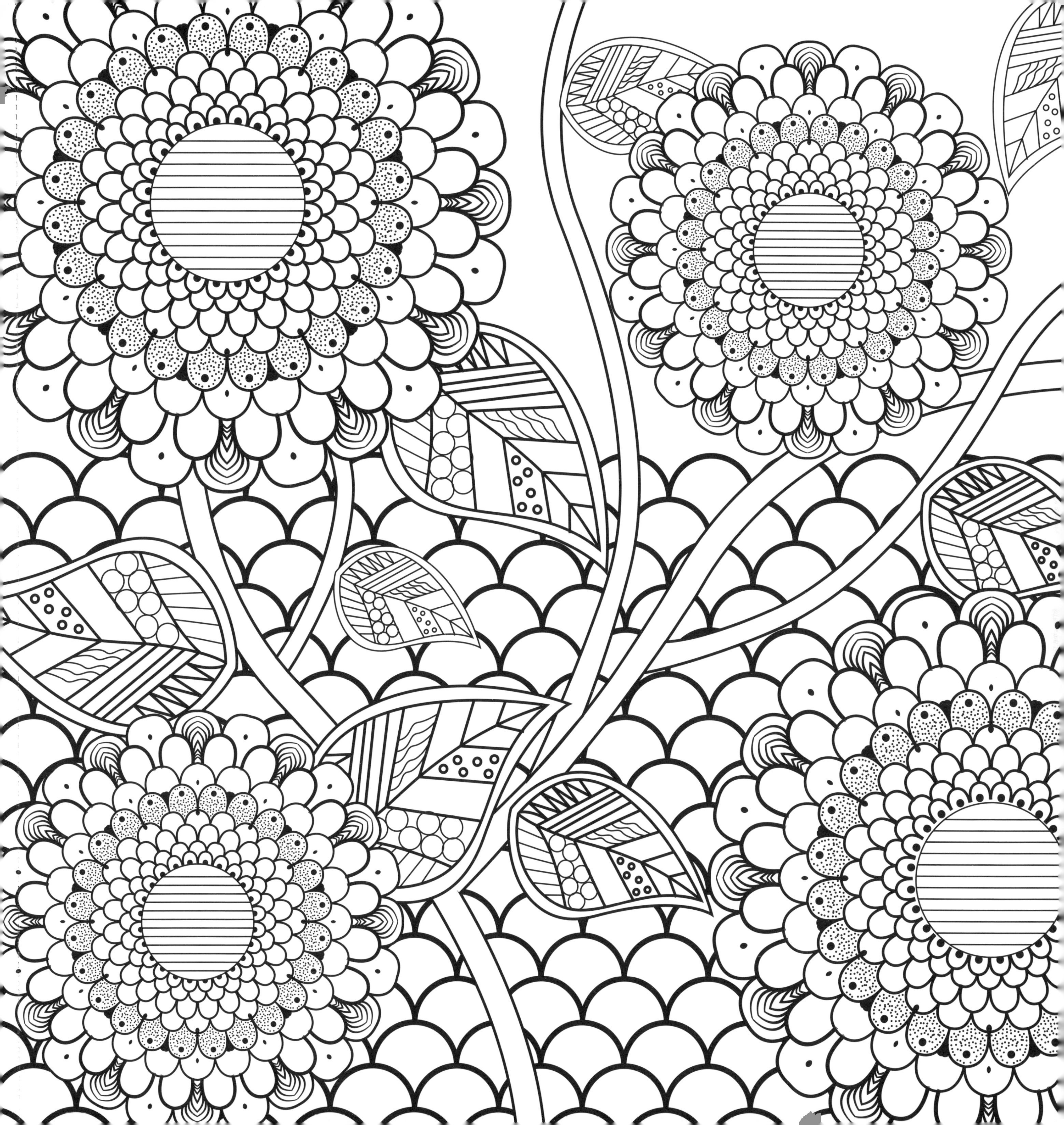

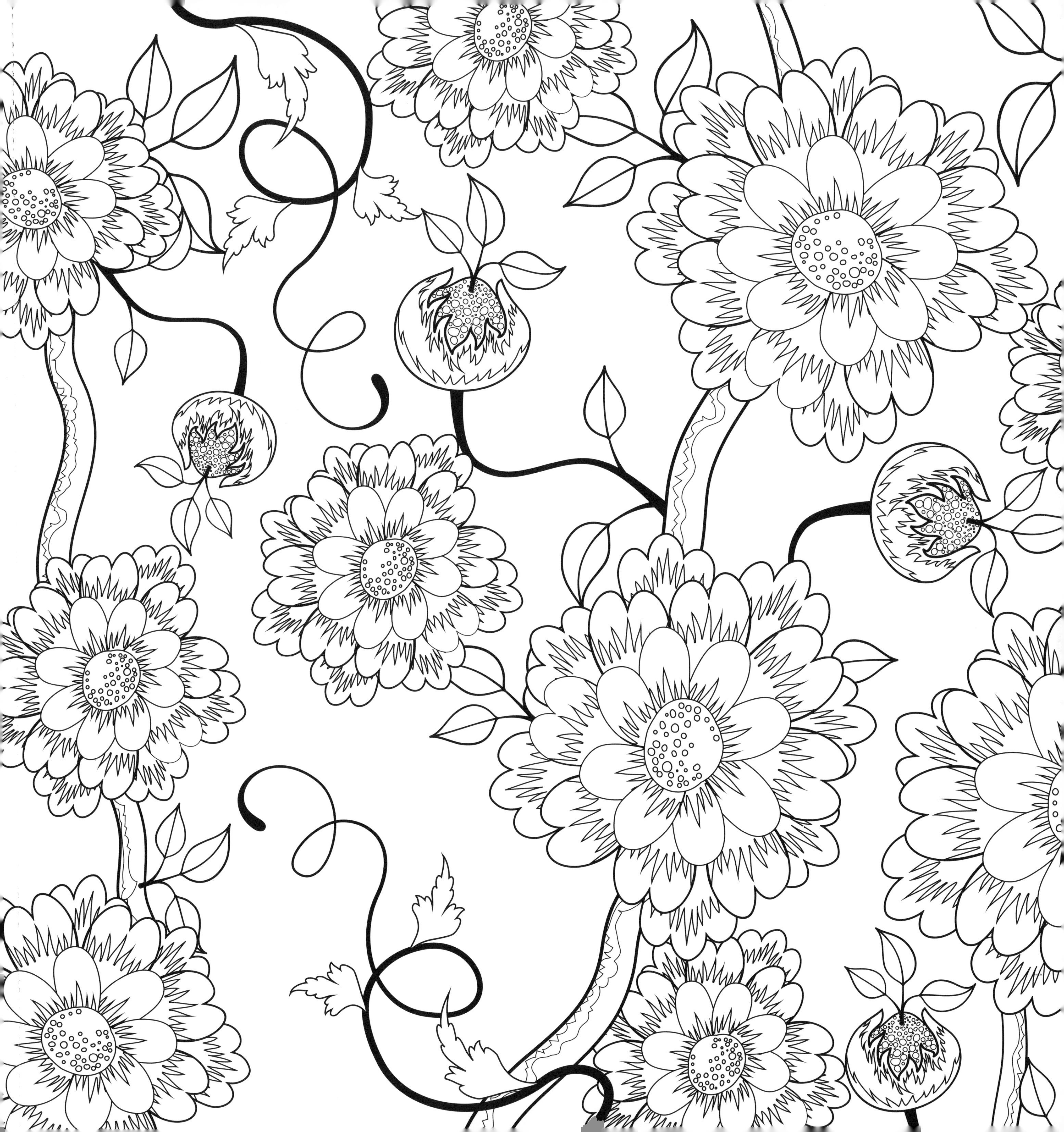

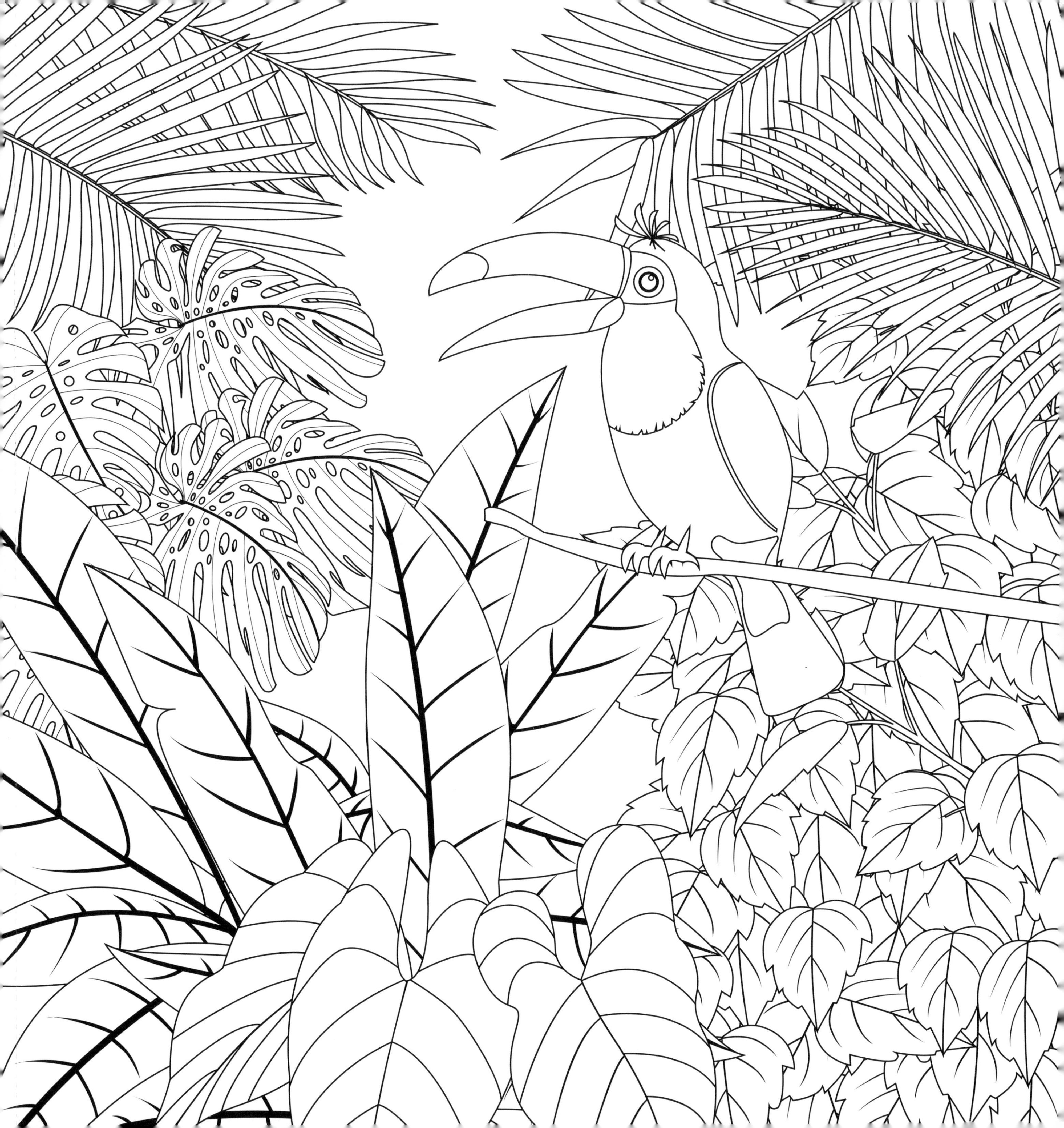

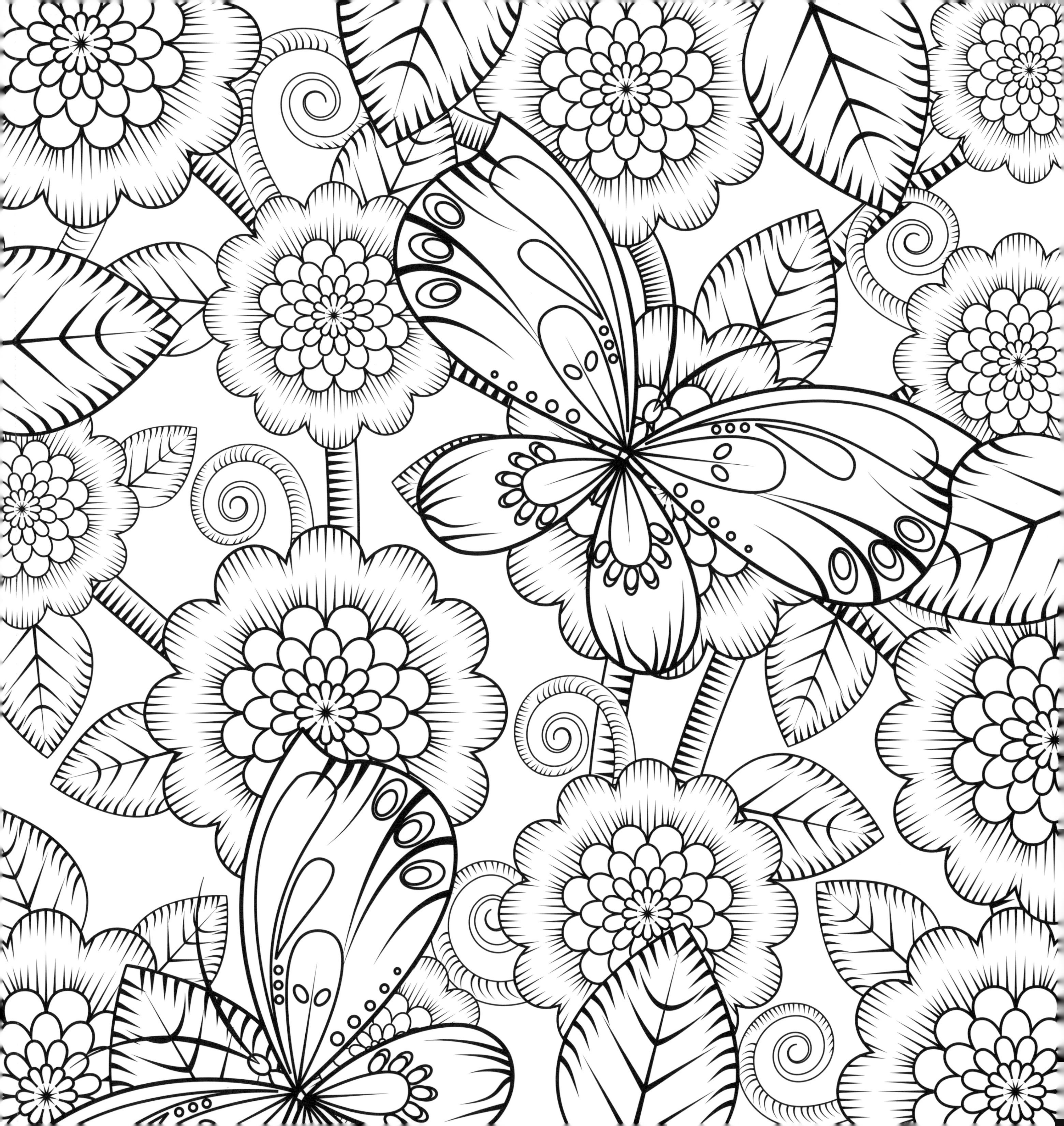

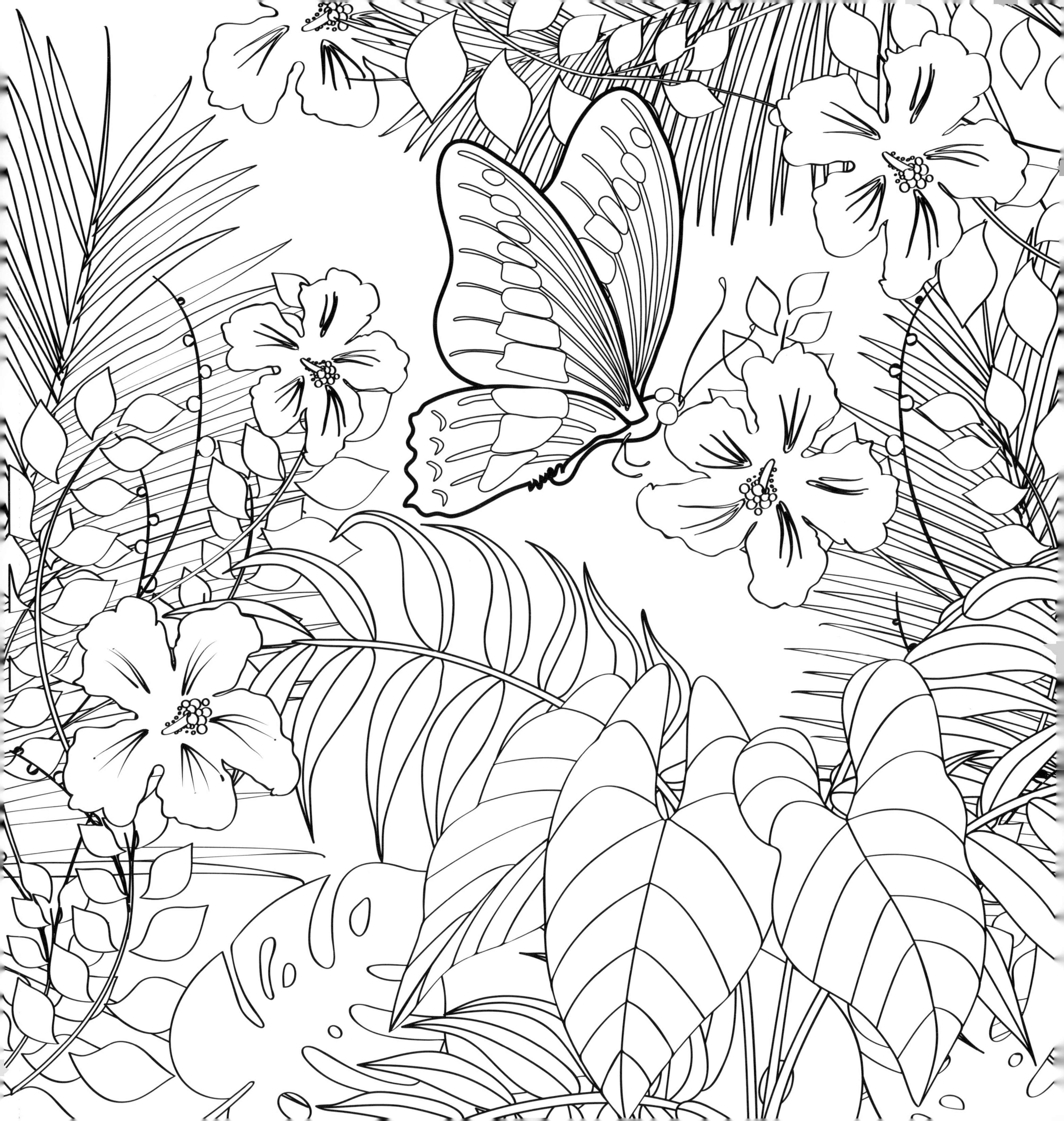

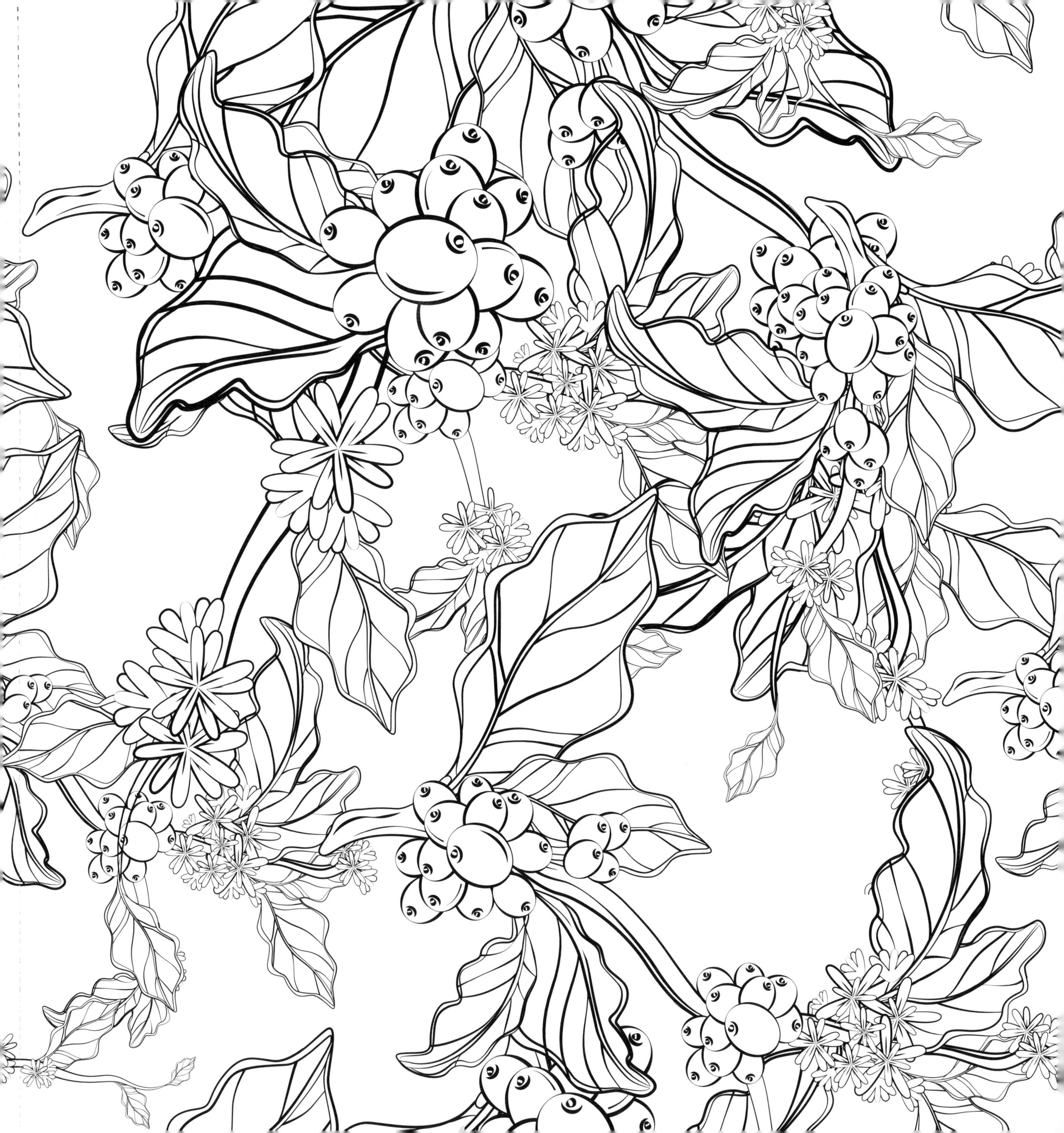

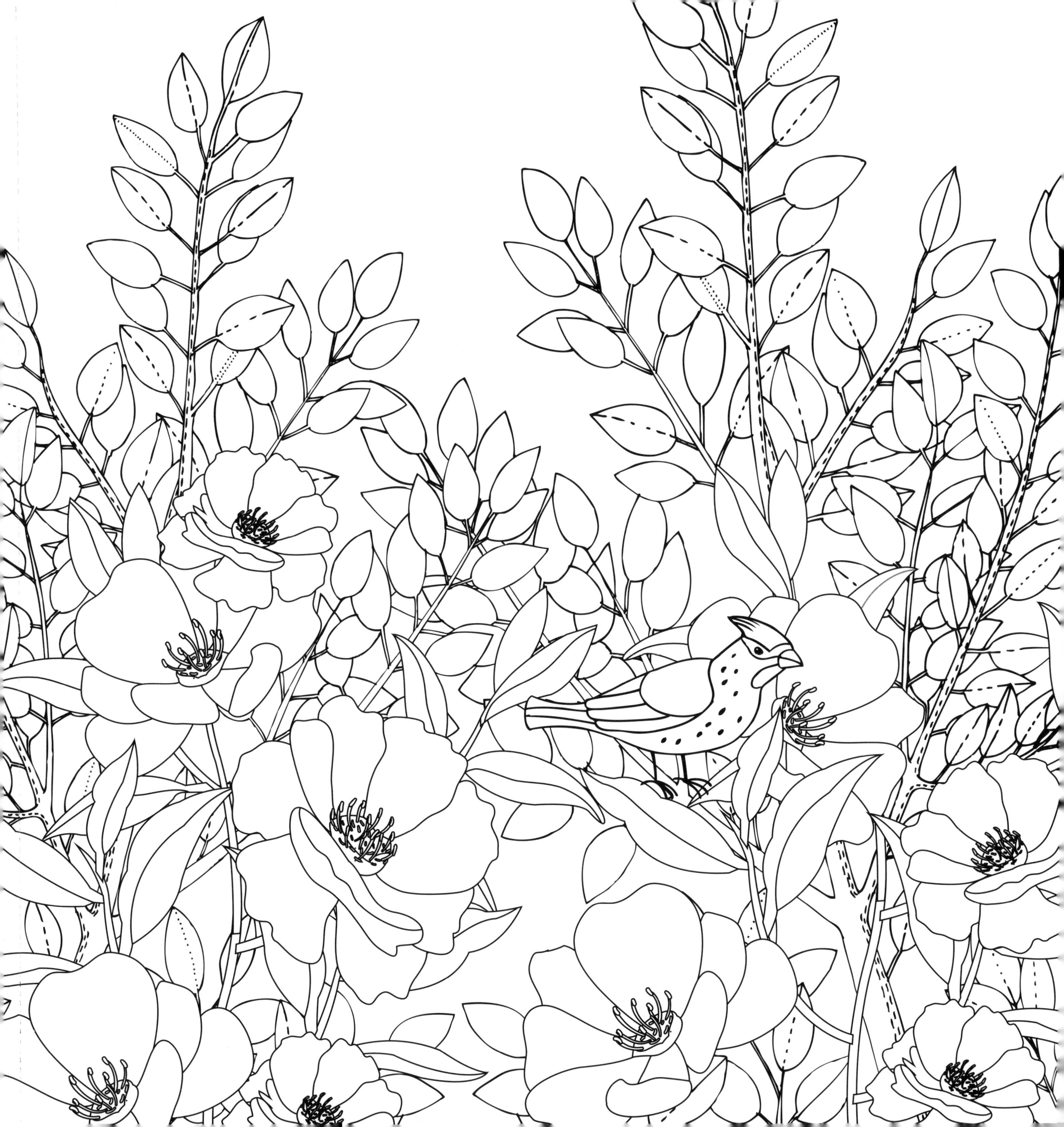

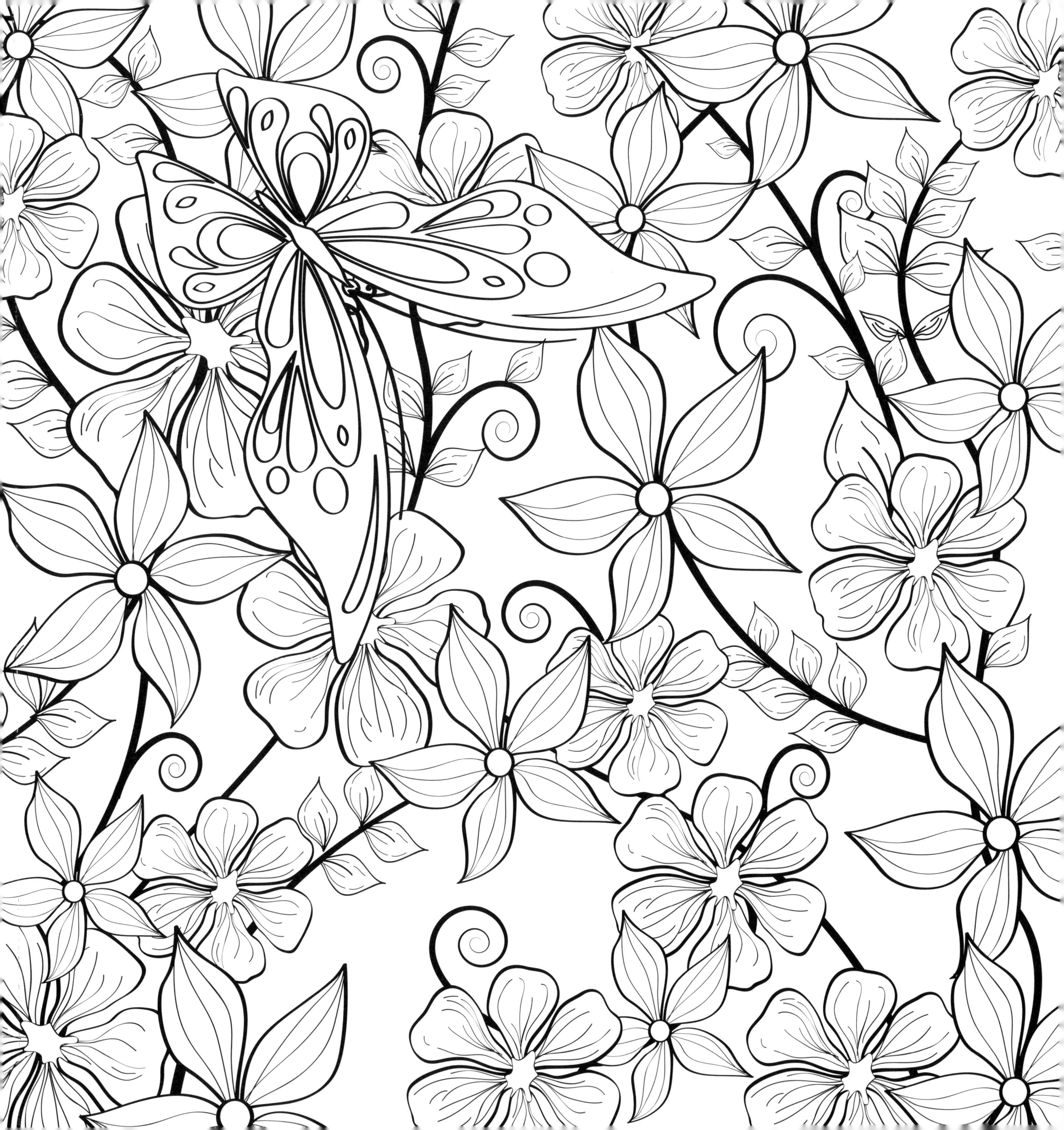

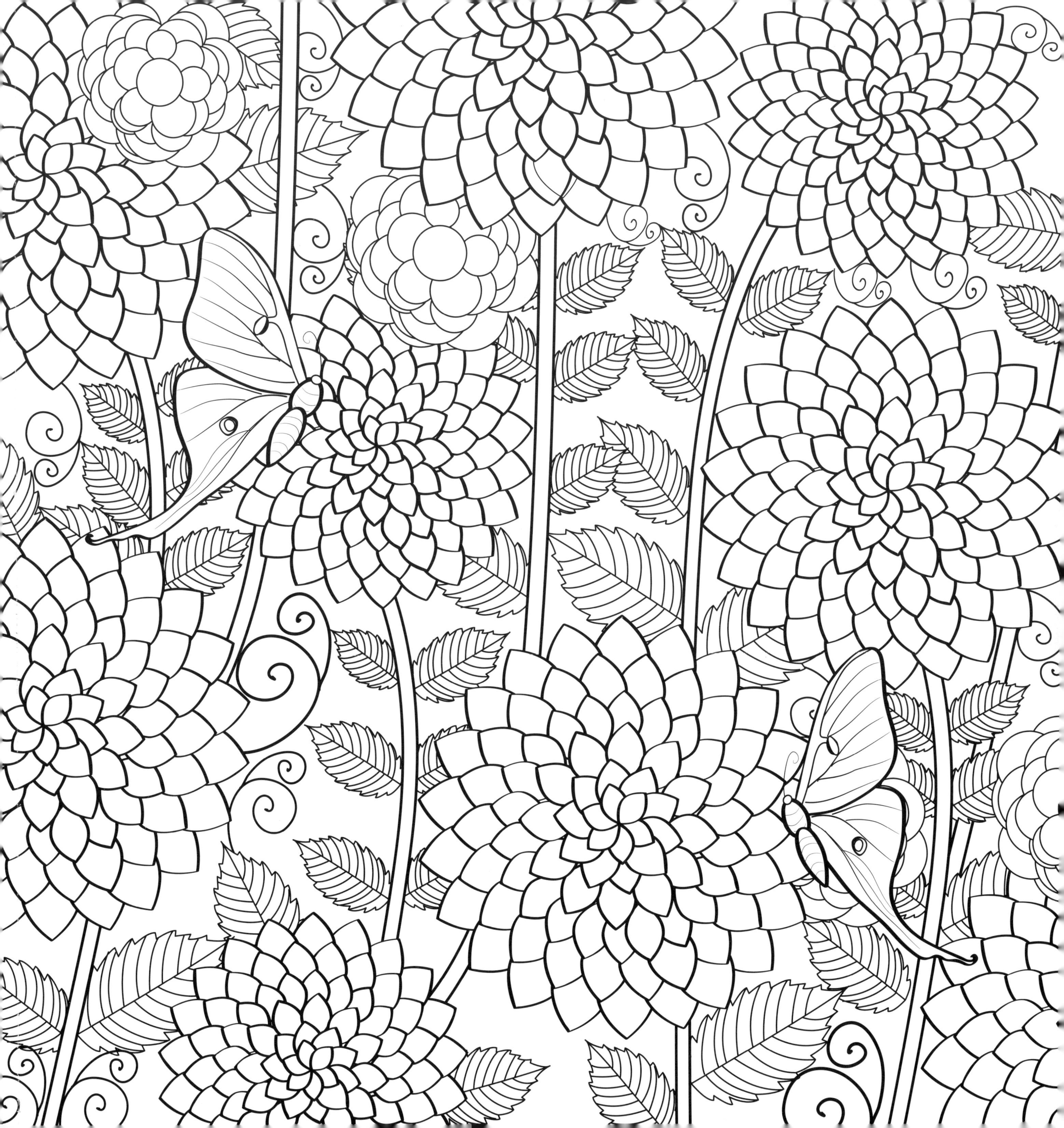

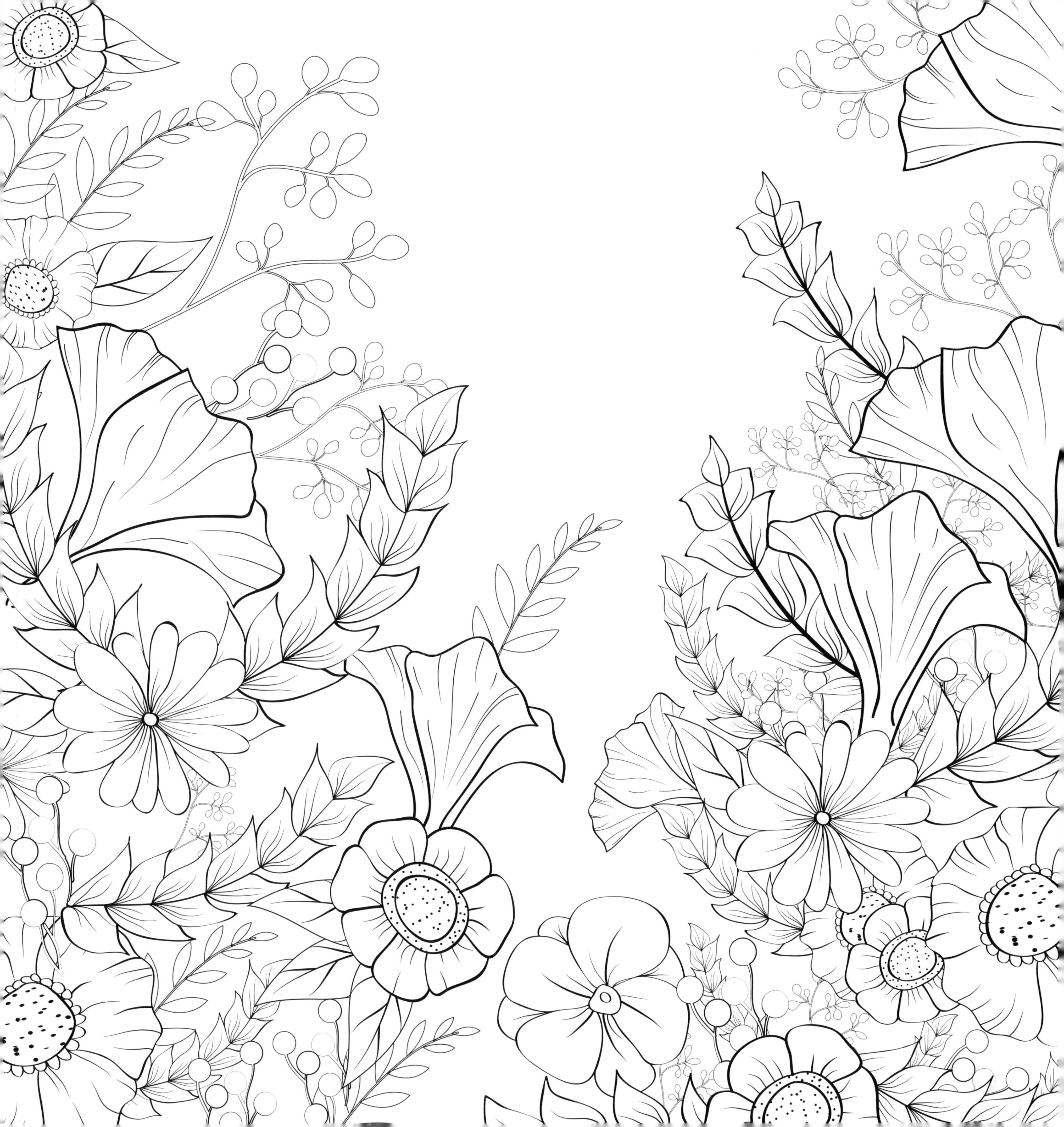

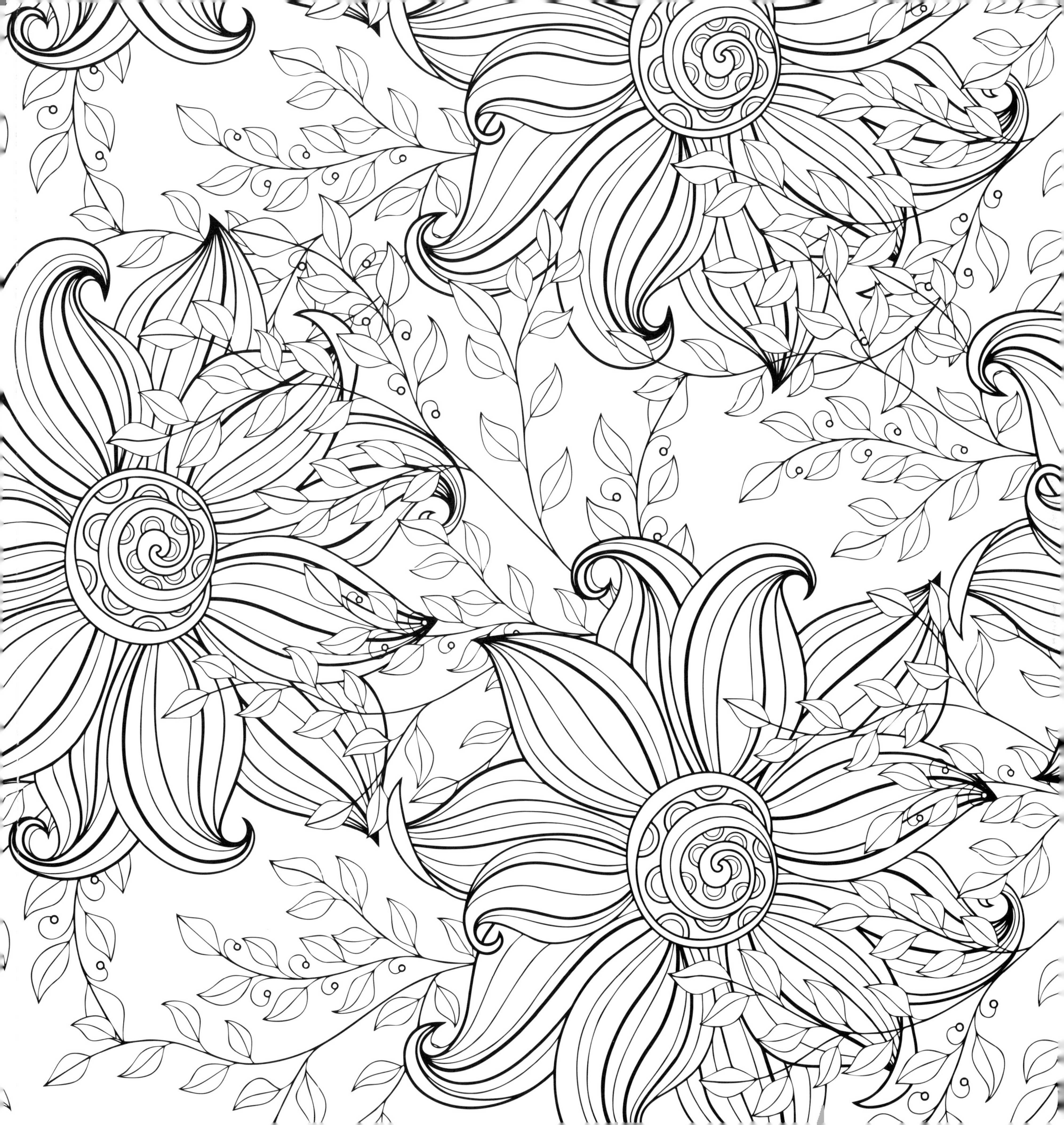

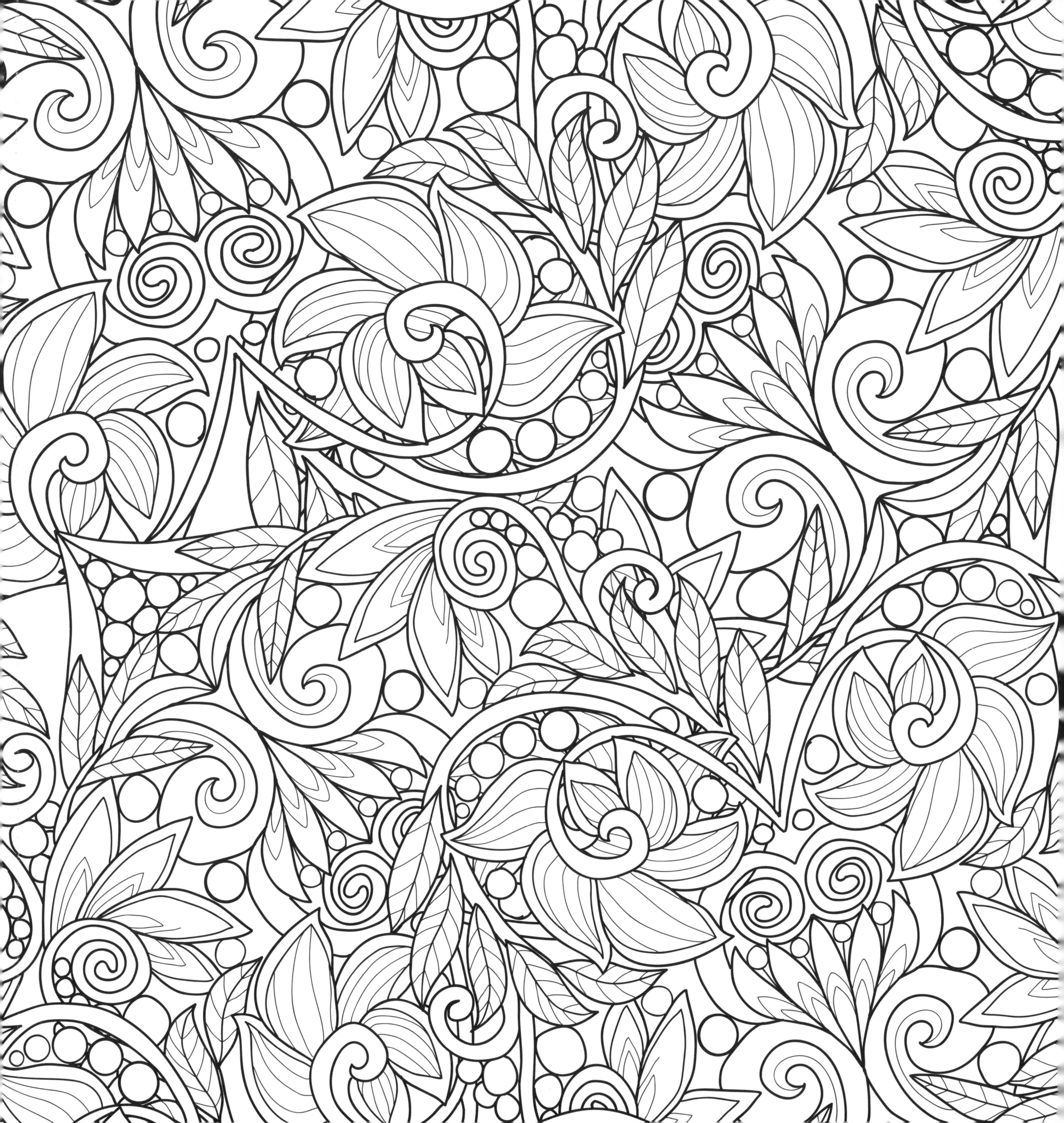

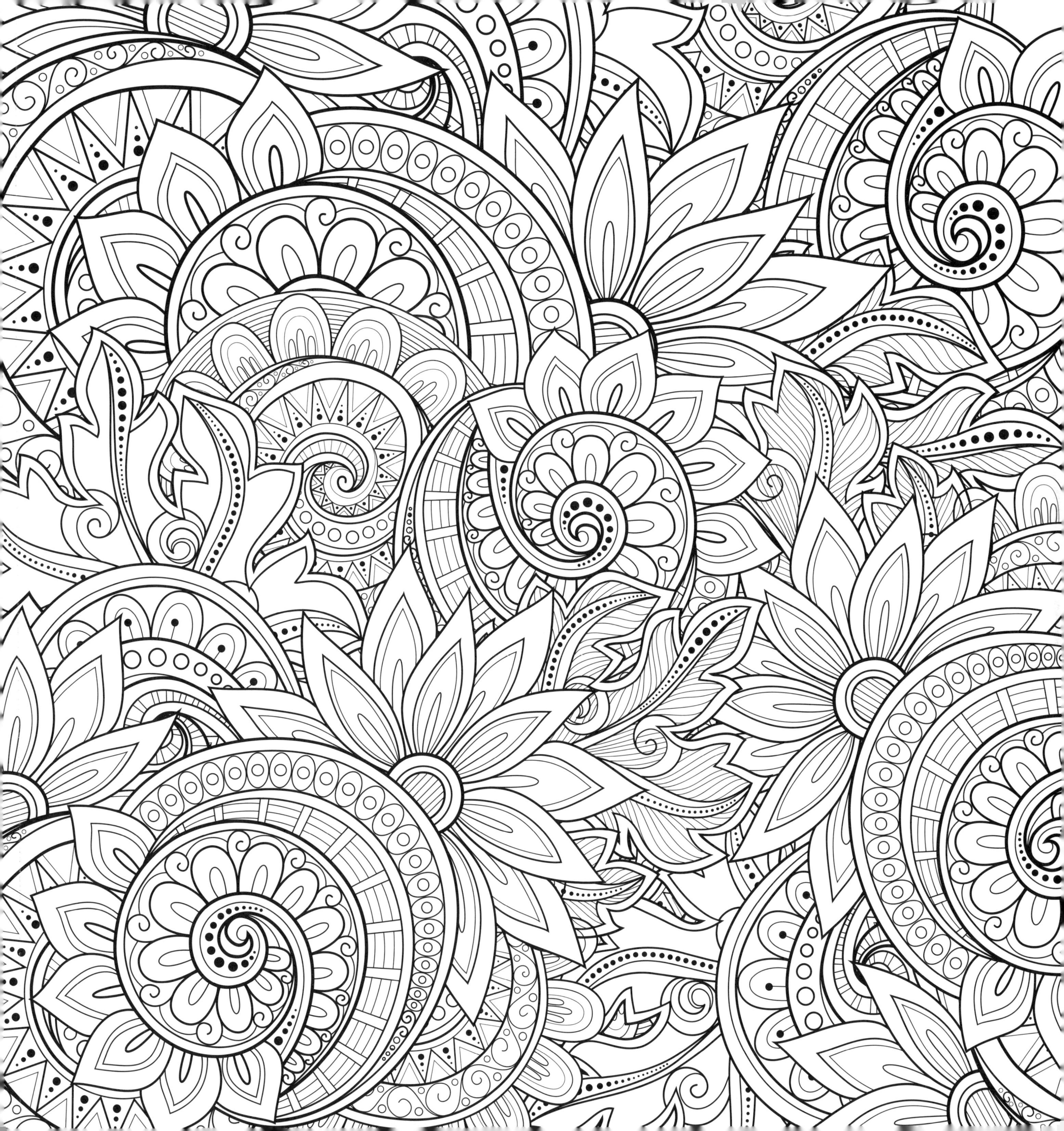

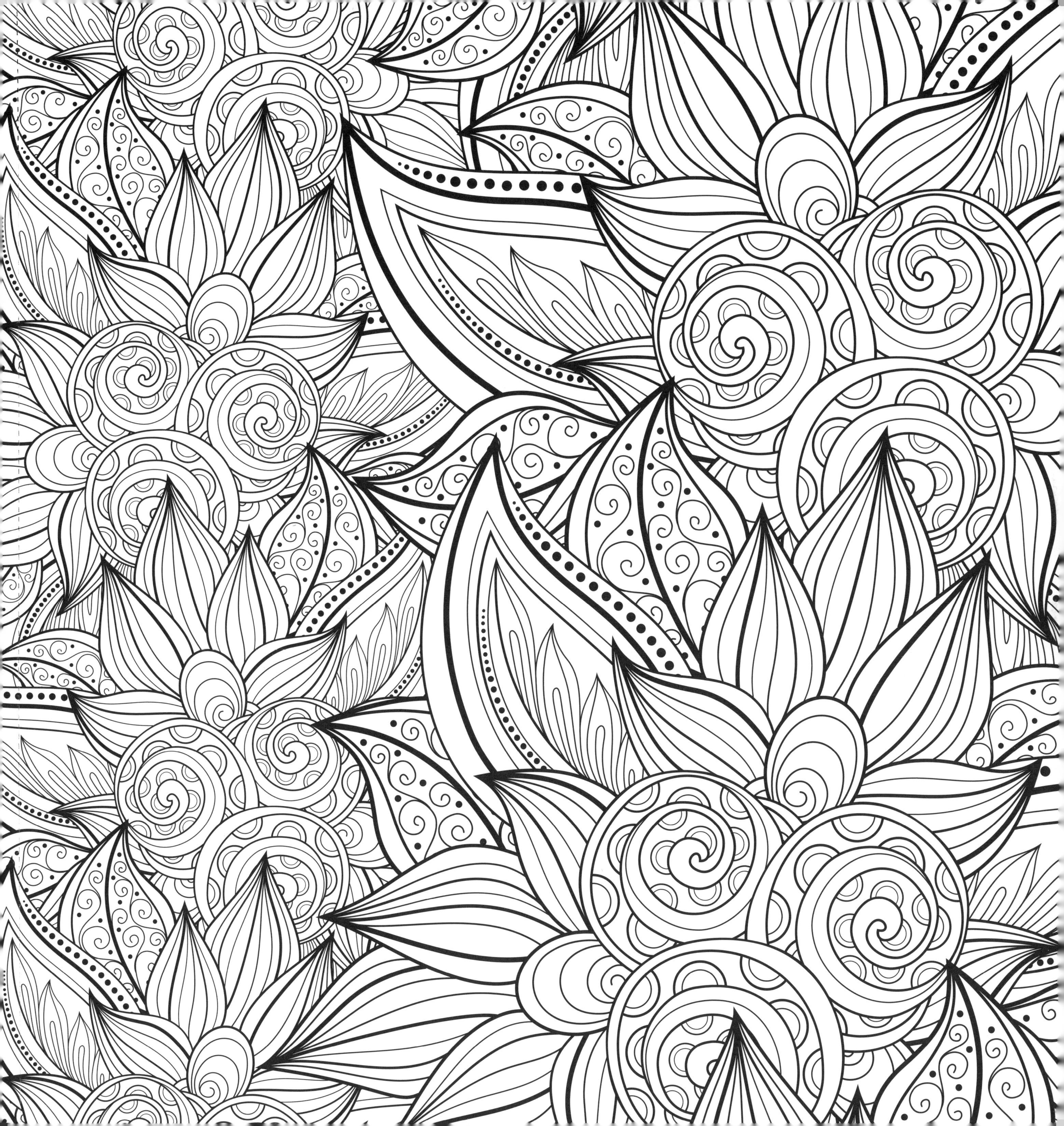

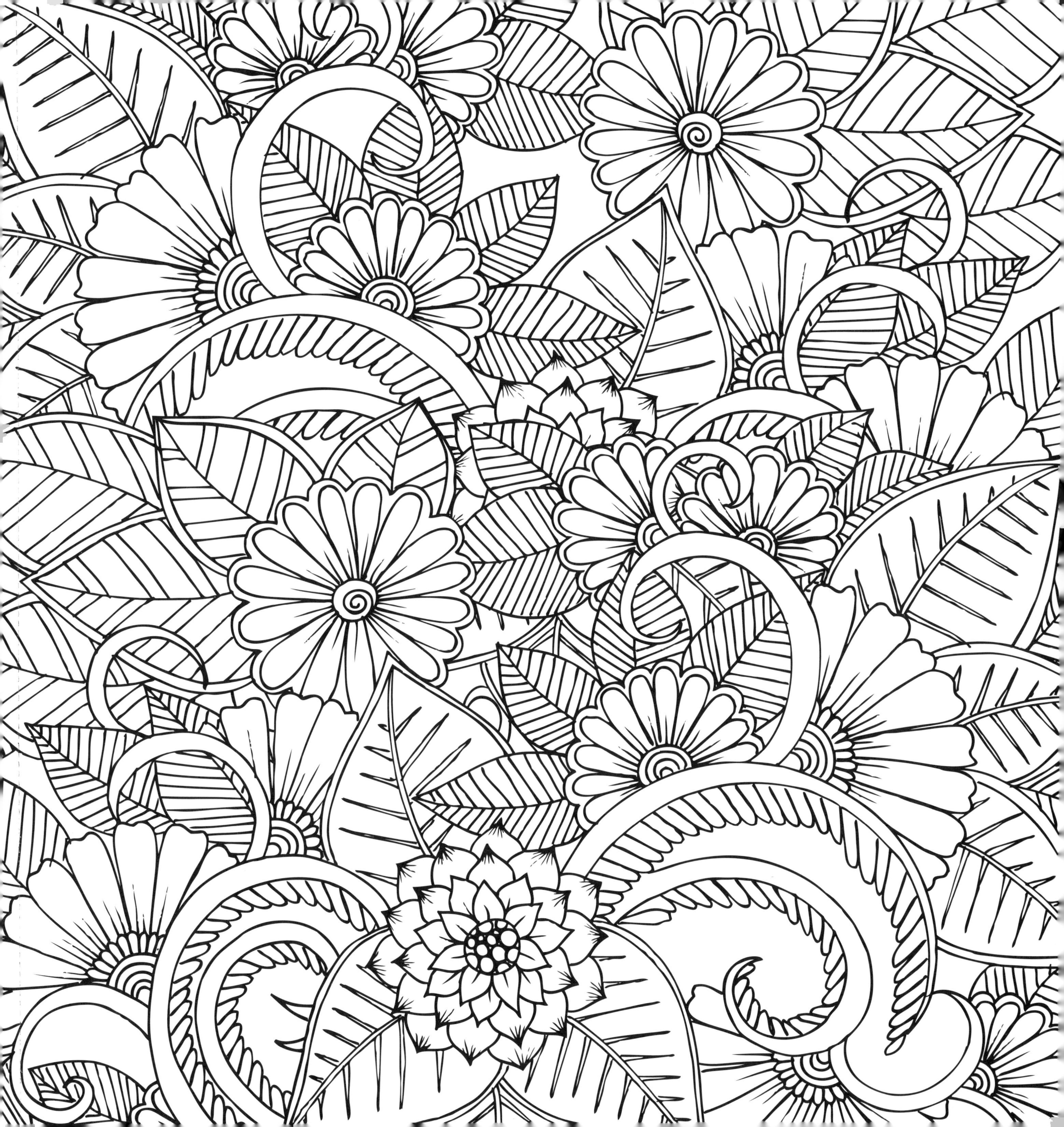

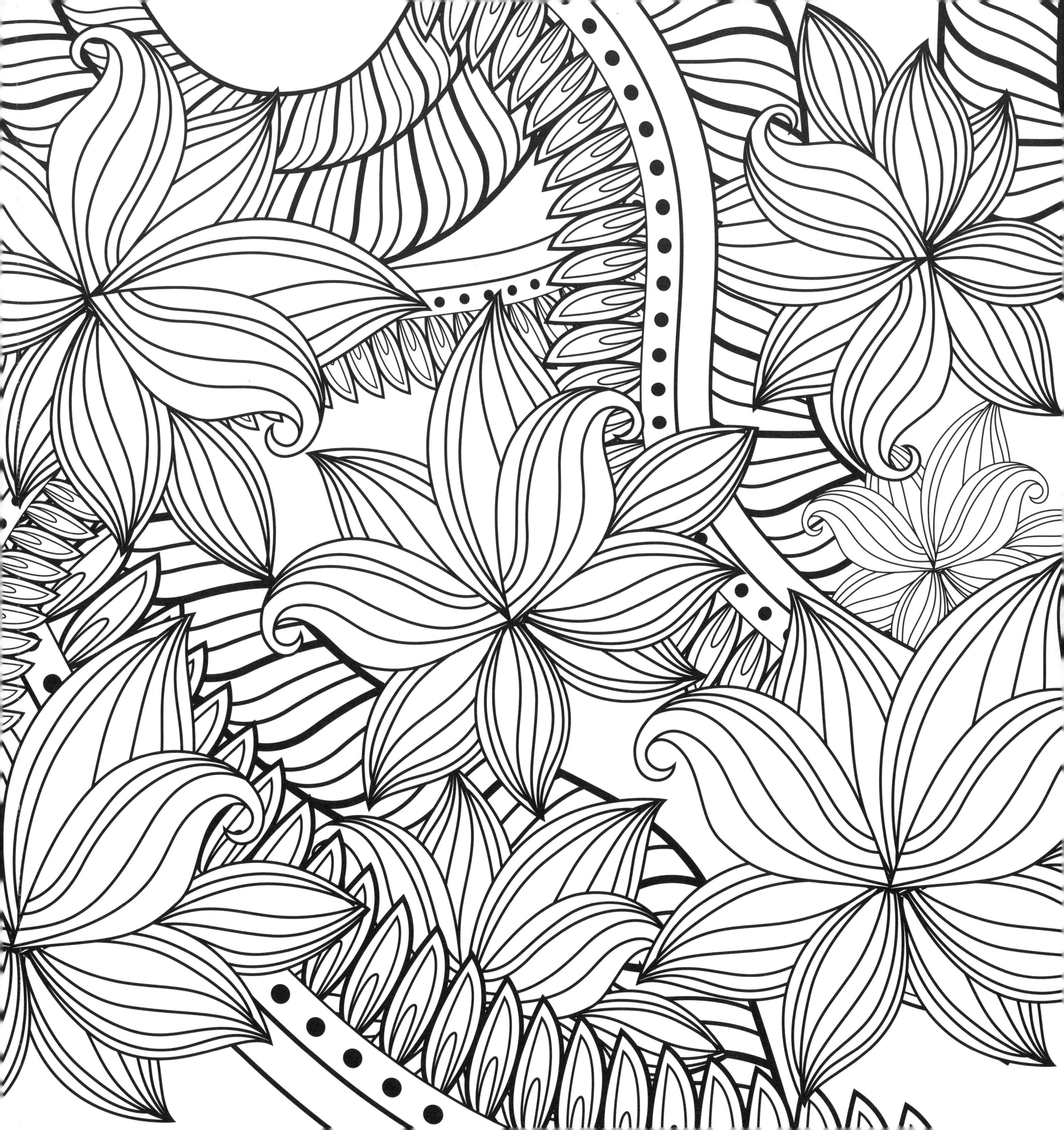